AF390627

18 Mars 1903 V

VENTE

HOTEL DROUOT, SALLE N° 6
Le Mercredi 18 Mars 1903

A 2 HEURES

MEUBLES ARTISTIQUES

ET

OBJETS D'ART

Anciens et Modernes

TABLEAUX — PORCELAINES

Bronzes, Marbres

MINIATURES — OBJETS DE CURIOSITÉ

Mᵉ THOUROUDE	M. E. BERTIER
COMMISSAIRE-PRISEUR	EXPERT
32, rue Le Peletier, 32	42, rue Le Peletier, 42

EXPOSITION PUBLIQUE

Le Mardi 17 Mars 1903, de 2 heures à 6 heures

Paris. — Imp. Ménard et Chaufour. C. Chaufour, Successeur

8 et 10, rue Milton, 8 et 10

CATALOGUE

DE

MEUBLES ARTISTIQUES

ET

OBJETS D'ART

DES

XVIIe & XVIIIe SIÈCLES

Magnifique guéridon de l'époque Louis XVI
Console, bureau, secrétaire en acajou et marqueterie, belle armoire
flamande en bois sculpté, meuble de salon
commode, tables, bahuts, meuble japonais et chaise à porteurs

BRONZES D'ART ET MARBRES

Jolie pendule en marbre et bronzes du temps de Louis XVI, pendule
en bronze du temps de l'Empire
Porcelaines de Sèvres, de Saxe et de Chine, pâtes tendres, biscuits
Faïences, etc.

TABLEAUX ET GRAVURES

DES ÉCOLES HOLLANDAISE, ALLEMANDE ET FRANÇAISE

MINIATURES

DE OU D'APRÈS ISABEY, VESTIER, GREUZE, DUMONT

Objets de curiosité, bijoux, dentelles, tapisserie d'Aubusson, tapis, etc.

dont la vente aura lieu

HOTEL DROUOT, SALLE N° 6

Le Mercredi 18 Mars 1903, à 2 heures

Me E. THOUROUDE	**M. E. BERTIER**
COMMISSAIRE-PRISEUR	EXPERT
32, rue Le Peletier, 32	*42, rue Le Peletier, 42*

Chez lesquels se trouve le présent catalogue

EXPOSITION PUBLIQUE

Le Mardi 17 Mars 1903, de 2 heures à 6 heures

CONDITIONS DE LA VENTE

La vente sera faite expressément au comptant.

Les acquéreurs paieront 10 o/o en sus des adjudications.

L'exposition mettant le public à même de se rendre compte de l'état des objets, il ne sera admis aucune réclamation une fois l'adjudication prononcée.

3594. — Paris, Imprimerie C. Chaufour, 8-10, rue Milton

DÉSIGNATION

MEUBLES

1 — Guéridon en palissandre avec dessus en marbre blanc ceinturé de cuivre. Les pieds à griffes de lions sont séparés par des draperies et des ornements en bronze finement ciselé et doré.

> Superbe pièce de la fin du xviii° siècle.

2 — Grande et belle armoire de forme architecturale et de style flamand du xvie siècle, ouvrant à trois portes richement sculptées.

> Le fronton orné d'un écusson, de chimères et d'enfants lutteurs est supporté par quatre pilastres à personnages.

3 — Bureau à cylindre en acajou, style Louis XVI
à dessus de marbre blanc entouré d'une galerie
en cuivre avec lambrequin.

> Il est orné de bronzes finement ciselés et dorés, représentant des rosaces et encadrements à rais de cœur.

4 — Belle console époque Louis XVI à double
tablette et à dessus de marbre.

> Elle est à trois tiroirs enrichis de frises en bronze finement ciselé et doré.
> Signature du maitre ébéniste STOCKEL.

5 — Secrétaire Louis XVI en bois de rose et marqueterie de bois de couleur.

> L'abattant représente dans un médaillon un paysage animé.
> Les deux vantaux du bas offrent des corbeilles de fruits et les côtés du meuble des édifices et des corbeilles de fleurs.
> Dessus de marbre Sarancolin.

6 — Meuble japonais à étagère en bois de fer
incrusté de nacre.

7 — Paire de colonnes en bois noir cannelé à filets
de cuivre. Style Louis XVI.

8 — Horloge hollandaise style Louis XIV, en marqueterie ornée de bronzes.

9 — Meuble de salon style Louis XIV, garni en damas, composé d'un canapé et de quatre fauteuils.

10 — Table à jeu en acajou Empire, garnie de motifs en bronze.

11 — Table de style Louis XVI, forme contournée, en marqueterie garnie de bronzes et galerie en cuivre.

12 — Bahut en bois sculpté garni de ferrures. Epoque XVIIIe siècle.

13 — Petite commode style Louis XVI en marqueterie garnie de bronzes.

14 — Commode en acajou, dessus en marbre. Epoque Louis XVI.

15 — Petite vitrine Empire à poignées en cuivre.

16 — Chaise style Louis XVI garnie de tapisserie au point.

17 — Fauteuil Louis XIV garni d'étoffe point de Hongrie.

18 — Chaise garnie d'étoffe point de Hongrie.

19 — Fauteuil époque Louis XV foncé de paille.

20 — Belle glace florentine en bois sculpté et doré. Style Louis XIII.

21 — Petite glace rectangulaire en bois sculpté et doré, orné d'un feston de feuillage.

22 — Glace avec cadre bois sculpté et doré du XVIe siècle.

23 — Glace de l'époque Louis XIV à cadre en bois sculpté et doré avec fronton.

24 — Glace de l'époque Louis XIV avec cadre bois sculpté et doré.

24 *bis* — Chaise à porteurs. XVIIIe siècle.

OBJETS D'ART

25 — Pendule à cage époque Louis XVI en marbre blanc et glaces, surmontée d'un vase ovale. Elle est ornée d'un motif à rinceaux et de guirlandes de fleurs et de fruits retenues ensemble par des nœuds de rubans en bronze finement ciselé et doré.

26 — Deux petits bouts de table style Louis XVI à deux lumières en bronze ciselé et doré, ornés de fleurs et de deux figurines en porcelaine de Saxe représentant des musiciens.

27 — Beau Christ en ivoire dans un cadre en bois magnifiquement sculpté et doré.

XVIIe siècle.

28 — Pendule en bronze ciselé et doré, époque Empire, avec sujet représentant l'*Oracle d'amour*.

29 — Deux vases jardinière couleur bleu de roi, à réserves encadrées de guirlandes dorées contenant des oiseaux.

Porcelaine de Sèvres, pâte tendre, année 1756.

30 — A. BLOCH. *Taureau de combat*, en bronze.

Patine ancienne.

31 — Buste en marbre blanc : *Mme de Pompadour*.

32 — Statuette marbre blanc : *la Baigneuse*, de FALCONNET.

Finement traitée.

Haut. : 0^m80.

33 — Groupe en biscuit représentant *Pygmalion et Galathée*.

34 — Buste en biscuit : *Marie-Antoinette*.

35 — Pendule en biscuit garnie de bronzes ciselés et dorés.

Style Empire.

36 — Joli petit vase à trépied en biscuit garni de cercles en bronze.

37 — Petit groupe en biscuit représentant *la Sculpture*.

38 — Deux cornets en porcelaine de Chine à décors d'habitations et fleurs de couleurs.

39 — Cuvette et pot à eau en cristal de Baccarat.

40 — Canne en bois finement sculptée, la poignée représente une tête de Méduse.

41 — Petit porte-montre époque Louis XVI en bois sculpté.

42 — Coffret du XVIᵉ siècle garni de cuir armorié et clouté.

43 — Petite étagère provençale.

44 — Nappe d'autel en tulle brodé.

Long. : 4ᵐ50.

45 — Coiffe des femmes d'Arles au xve siècle, tulle brodé.

46 — Coiffe de femme d'Arles au xvie siècle, tulle brodé.

47 — Coiffe de femme d'Arles au xviie siècle, tulle brodé.

48 — Grand mouchoir en tulle brodé.

49 — Partie d'un service de porcelaine dite de la Compagnie des Indes composé de : une soupière, deux compotiers et huit assiettes.

50 — Grand plat décoré en faïence de Marseille.

51 — Service à café Empire en porcelaine composée de cinq tasses, deux verseuses, un sucrier sur un plateau.

52 — Pot à eau et cuvette en porcelaine.

Epoque Empire,

53 — Paire de vases Empire porcelaine de Paris, décor à sujets italiens.

54 — Deux salières en cristal fond décoré d'un ornement doré.

55 — Tasse et sa soucoupe, fond gros bleu à décors sujet pastoral.

56 — Tasse et soucoupe, fond bleu turquoise à décors Louis XVI.

57 — Petite bonbonnière en porcelaine de Saxe ornée de fleurs.

58 — Bonbonnière fond gros bleu à décors.

59 — Bonbonnière ovale en porcelaine de Capo di Monte.

60 — Vase monté sur trépied orné de personnages. Porcelaine de Capo di Monte.

61 — Jardinière en porcelaine ajourée de Saxe.

62 — Coupe à anses semée de fleurs en porcelaine de Saxe.

63 — Assiette décorée en faïence de Lille.

64 — Assiette décorée en faïence de Marseille.

65 — Vase à long col et à anses en faïence de Strasbourg.

66 — Vase forme cornet orné de grotesques en faïence de Delft.

67 — Sablier orné de petites fleurs en faïence de Varage.

68 — Tasse et sa soucoupe en faïence de Lille.

69 — Coupe sur pied décorée de motifs et rinceaux faïence de Moustiers.

70 — Plat chantourné et décoré en faïence de Nidervillers.

71 — Coupe décorée et à deux anses faïence de Rouen.

72 — Cabinet en laque de la Chine.

73 — Boîte en laque de Chine.

74 — Groupe en porcelaine de Chine.

75 — Plat en ancienne faïence italienne décorée.

76 — Vase en faïence craquelée du Japon.

77 — Vase en poterie rouge du Japon.

78 — Livre d'heures à fermoirs cuivre, orné de gravures anciennes.

79 — Petite boîte en écaille sculptée de personnages et sujet chinois.

80 — Flambeau en cuivre avec huillière époque Louis XIII.

81 — Deux flambeaux en bronze ciselé époque Louis XVI.

82 — Plaque gravée d'un écusson, dite ex-libris.

83 — Trois petits moulins anciens.

84 — Trois grands plats et trois assiettes en étain.
Sera divisée.

85 — Pipe japonaise en cuivre gravé.

86 — Quatre poignées en cuivre.

87 — Porte-flacons en étain.

88 — Porte-mouchettes en cuivre.

89 — Quatre bouillottes en cuivre et un porte-réchaud.

90 — Flambeau style Louis XV, faïence de Marseille.

91 — Flambeau faïence de Delft, décor camaïeu bleu.

92 — Groupe d'après CLODION : *Faune et bacchante.*

Terre cuite.

93 — Grand vase en terre brune d'Avignon.

94 — Quatre petits vases en terre cuite de l'époque romaine.

95 — Six autres terres cuites de même nature.

Sera divisé.

TABLEAUX & MINIATURES

PAR OU D'APRÈS

KLEIN (J.-A.)

96 — *Le Boute-selle.*

La sonnerie vient de retentir et les cavaliers s'apprêtent à monter sur leurs chevaux.
Signé et daté 1817.

FONTIN

97 — *Portrait de jeune garçon.*

BREUGHEL DE VELOURS

98 — *Paysage animé de personnages.*

Peinture sur bois.

BREUGHEL

99 — *Paysage animé.*

Peinture sur cuivre.

BREUGHEL

100 — *Autre paysage sur le bord d'un lac.*

ÉCOLE HOLLANDAISE

101 — *Portrait de femme de l'époque Louis XV.*

102 — Miniature sur ivoire dans le goût du XVIIIe siècle représentant une grande dame de l'époque sous le costume de religieuse.

BERGER

103 — *La Cruche cassée.*

Miniature.

DUMONT

104 — *Noble dame du temps de Louis XVI.*

Miniature.

VESTIER

105 — *La Princesse de Lamballe.*

Miniature.

ISABEY

106 — Jolie scène de genre représentant la *Rentrée du mari au logis*.

Miniature.

ROUSSEAU (Théodore)

106 *bis — Paysage*.

107 — Gravure encadrée représentant : les *Arènes d'Arles*.

108 — Lot de gravures et cartes anciennes.

Sera divisé.

109 — Deux tapisseries verdure d'Aubusson représentant des arbres et feuillages. XVIIIe siècle.

Sera divisé.

110 — Tapis d'Orient, fond rouge à dessins polychromes.

BIJOUX

111 — Paire de boucles d'oreilles en or ciselé ornées d'émeraudes et de demi-perles.

112 — Paire de boucles d'oreilles or et argent, garnies de cailloux du Rhin.

113 — Broche en argent forme marguerite, garnie de strass.

114 — Broche en argent garnie de strass.

115 — Peigne en acier.

Epoque Empire.

116 — Peigne de chignon garni de corail taillé à facettes.

Epoque Empire.

117 — Agrafe de manteau en argent.

118 — Objets omis.